Ateliers
RENOV'LIVRES S.A.
2002

# TABLEAU SYSTÉMATIQUE

### DES

## ARCHIVES DE L'EMPIRE,

### Au 15 août 1811.

## DIVISION FRANÇAISE.

### I. SECTION LÉGISLATIVE.

Cette Section est placée aux Minimes de la Place Royale, à l'exception des Collections qui seront distinguées par le signe *.

### A. *Collections de Lois.*

\* 1<sup>re</sup> COLLECTION. Édits, Ordonnances, Déclarations, Lettres-patentes par ordre chronologique, depuis l'an 1160 jusqu'à 1789. . cartons étiquetés. . . . . . . . . . A.     — A.
Conservée à l'Hôtel Soubise.

2<sup>e</sup> COLLECTION. Originaux ou Expéditions authentiques des lois rendues en 1789 et durant les dix années suivantes. . cartons ou boîtes étiquetées. . . . . . . . . . A.     — A.

3<sup>e</sup> COLLECTION. . cartons contenant une collection incomplète d'Edits, Arrêts, Déclarations, Lettres-patentes, Lois, Décrets. . . . A.     — A.

\* 4<sup>e</sup> COLLECTION. Ordonnances enregistrées au Parlement de Paris, depuis l'an 1328. Registres . . . . . A.     — A.
Au Palais de Justice, dans la sect. judiciaire des arch.

( 2 )

| | | | |
|---|---|---|---|
| * 5.º COLLECTION. | volumes in-4°. imprimés, composant divers Codes et Recueils de lois anciennes et nouvelles.. | A. | — A. |

À l'Hôtel Soubise, ainsi que les deux Collections suivantes.

| | | | |
|---|---|---|---|
| * 6.º COLLECTION. | volumes in-8°. imprimés, contenant divers Codes et Recueils de lois anciennes et nouvelles.. | A. | — A. |
| * 7.º COLLECTION. | volumes imprimés du Bulletin des Lois, tant en français qu'en autres langues.. | A. | — A. |

### B. Procès-verbaux des Assemblées nationales.

1. Assemblée des Notables en 1787 et 88. Registres étiquetés . . . . . . . . . . . . . . B. — B.
2. Actes de convocation des États-Généraux de 1789; Procès-verbaux des Assemblées de Baillages. B. — B.
3. Procès-verbaux authentiques des Assemblées constituante, législative, conventionnelle, des Conseils des Anciens et des Cinq-Cents, des Commissions intermédiaires de 1799, du Tribunat et du Corps législatif. . . . . . . . B. — B.

*Nota.* Le Corps législatif a cessé en l'an XII (1804) de déposer ses Procès-verbaux aux Archives de l'Empire.

4. Assemblées provinciales, électorales, primaires: Actes d'acceptations des Constitutions, du Consulat à vie, de l'Hérédité de la Couronne impériale . . . . . . . . . . . . . . . . B. — B.

* 5. 247 Volumes imprimés, la plupart in-8°, contenant les Procès-verbaux des Assemblées nationales, depuis 1789 jusqu'en 1811, avec les Tables . . . . . . . . . . . . . . . . B. — B.

À l'Hôtel Soubise, où l'on a retenu aussi une partie des Procès-verbaux authentiques ci-dessus n.º 3.

## C. *Pièces annexées aux Minutes des Procès-verbaux des Assemblées nationales.*

1. Cartons contenant les Pièces recueillies, jour par jour, sur le bureau des Assemblées nationales, depuis 1789 jusqu'en 1800 (et pour le Tribunat, jusqu'en 1807) : Minutes de Procès-verbaux, de Motions, de Décrets, d'Amendemens, de Pétitions, Adresses, Lettres, etc. . C. — C.

\* 2. Volumes imprimés, contenant les Rapports, Opinions, Feuilletons et autres Écrits distribués aux Membres des Assemblées, depuis 1789 jusqu'en 1811. . . . . . . . . . . . . . C. — C.

A l'Hôtel Soubise.

## D. *Papiers des Comités et des Députés en Mission.*

1. Comités de Constitution, des Lettres de cachet, des Finances, des Assignats et Monnoies, des Pensions, de Liquidation, d'Agriculture et Commerce, des Droits féodaux, des Domaines, de la Guerre, de la Marine, des Colonies, de Judicature, de Mendicité et Secours publics, des Recherches, des Rapports, des Pétitions, des Dons patriotiques, des Inspecteurs de la salle et Commissions administratives, cartons étiquetés . . . . . . . . . . . . . . . . D. — D.

*Nota.* Cette collection est fort incomplète, parce qu'une grande partie des papiers des Comités a été remise au Directoire exécutif, qui a conservé les uns dans son secrétariat, et distribué les autres entre les Ministères. Ainsi, les papiers des Comités sont aujourd'hui, en partie, aux Archives de l'Empire, en partie, à la Secrétairerie d'État, en partie dans les Archives des Ministres.

2. Actes des Députés en mission. Cartons étiquetés. D. — D.

*Nota.* Cette collection est incomplète, parce que plusieurs Députés n'ont point déposé les Actes de leurs missions, et que d'autres les ont remis à des Comités dont les papiers ont passé entre les mains du Directoire exécutif.

3. Registres provenant de divers Comités . . . . D.   — D.

*Nota.* Collection incomplète comme les deux précédentes, par la même cause.

### Résumé de la Section législative.

A. Collections des Lois . . . . . . .     Cartons, registres ou volumes, etc.
B. Procès-verbaux . . . . . . . . . . .
C. Pièces annexées aux Minutes des Procès-verbaux . . . . . . . . . . . .
D. Comités et Missions . . . . . . . .

TOTAL . . . .

## II. SECTION ADMINISTRATIVE.

Toute cette Section est aux Minimes de la Place Royale, à l'exception de trois Collections qui seront distinguées par le signe *.

### E. *Administration générale, Gouvernement, Maison royale.*

* 1. Arrêts du Conseil d'Etat.     Portefeuilles étiquetés . . . . . . . . . . . . . . . . . . . . E.   — E.

Cette collection est restée à l'Hôtel Soubise, où elle se trouve placée à la tête de la Section domaniale.

2. Conseil de Lorraine.     Registres étiquetés. . . E.   — E.
3. Secrétariat de la Maison du Roi.     Registres et liasses . . . . . . . . . . . . . . . . . . . . E.   — E.
4. Maison du Roi.     Cartons ou registres . . . . E.   — E.
5. Garde-meuble.     Cartons , . . . . . . . . . E.   — E.

### F. *Ministères.*

1. Ministère de l'Intérieur.
   1°. Correspondance avec les Administrations locales, par ordre alphabétique des départemens. — Circulaires, Nominations, etc. Cartons étiquetés . . . . . . . . . F.   — F.
   2°. Agriculture, Economie rurale.     cartons. F.   — F.

3°. Subsistances. Cartons . . . . . . F. — F.
4°. Commerce. Cartons . . . . . . . . F. — F.
5°. Arts et Manufactures. Cartons. . . . F. — F.
6°. Travaux publics et Bâtimens civils. — Constructions et Réparations. — Local des Prisons. Cartons . . . . . . . F. — F.
7°. Secours et Hospices civils. — Ateliers de filature. Cartons . . . . . . . . F. — F.
8°. Comptabilité, Liquidation et Mélanges. Cartons. . . . . . . . . . . . . . F. — F.
9°. Mélanges. Cartons. . . . . . . . . F. — F.

2. Ministère des Finances.
1°. Finances en général. Cartons. . . . . F. — F.
2°. Assignats. Registres . . . . . . . . F. — F.

3. Ministères de la Guerre ; — de la Marine et des Colonies ; — des Relations extérieures ; — de la Police. Cartons. . . . . . . . . . . . F. — F.

4. Ministère des Cultes.
1°. Clergé ; — Frais du Culte ; — Pensions ecclésiastiques. Cartons. . . . . . . F. — F.
2°. Commission des secours du Clergé de France. Cartons et Registres. . . F. — F.

## G. *Administrations spéciales.*

1. Liquidation. Cartons et registres étiquetés. G. — G.
2. Ferme générale. Cartons et liasses . . . . . G. — G.
3. Régie des Aides. Cartons et registres . . . G. — G.
4. Administration des Eaux et Forêts. Cartons . . G. — G.
5. Loterie. Cartons. . . . . . . . . . . . . G. — G.
6. Amirauté. Liasses. . . . . . . . . . . . G. — G.

## H. *Administrations locales.*

1. Pays d'État. Cartons, registres, liasses ou portefeuilles. . . . . . . . . . . . . . . H. — H.
2. Organisation des Corps administratifs. Cartons. H. — H.
3. Maximum du prix des denrées dans les divers départemens. Cartons : . . . . . . . . H. — H.

4. Comptabilité de quelques communes. Cartons. H. — H.
* 5. Registres de la ville de Paris, depuis l'an 1134 jusqu'en 1789 . . . . . . . . . . . . . H. — H.
* 6. Cartons de Minutes et Pièces originales relatives à l'administration de la ville de Paris, depuis l'an 1134 jusqu'en 1789 . . . . . . . H. — H.

Nota. Ces deux Collections sont restées à l'Hôtel Soubise, où elles se trouvent jointes aux Archives domaniales de la ville de Paris.

7. Comptabilité de la ville de Paris. Cartons . . H. — H.
8. Autres papiers divers provenant de l'Hôtel-de-Ville de Paris. Cartons . . . . . . . . . . H. — H.

### Résumé de la Section administrative.

E. Administration générale . . . . ,     portefeuilles, reg., cartons ou liasses.
F. Ministères . . . . . . . . . . ,
G. Administrations spéciales . . . .
H. Administrations locales . . . . .

       TOTAL . . . . .

## III. SECTION HISTORIQUE.

### J. Trésor des Chartes.

Quoique l'ordre établi depuis long-temps dans cette précieuse Collection ne soit pas très-méthodique, on l'a maintenu scrupuleusement, parce que c'est à cet ordre que correspondent et l'inventaire de Dupuy, dont il existe beaucoup de copies manuscrites, et les citations que divers auteurs ont faites des pièces du Trésor de Chartes.

1. Registres depuis Philippe Auguste jusqu'à Charles IX, recueillis dans des boîtes ou caisses étiquetées . . . . . . . . . . . . . . . . . J. — J.
2. Inventaires et Extraits recueillis dans cartons étiquetés . . . . . . . . . . . . J. — J.

3. Les douze Gouvernemens. Cartons.. . . . J. — J.
4. Les Mélanges-Relations extérieures, Traités de
paix, etc. Cartons . . . . . . . . . J. — J.
— Titres venus du château du Mercurol.
Cartons. . . . . . . . . . . . . . . . J. — J.
— Fief du Puy-Paulin. Cartons. . . . . . J. — J.

### K. *Monumens historiques.*

Ces Monumens recueillis dans les Archives de plu-plusieurs établissemens supprimés, comprennent un deuxième Trésor de Chartes, qu'on s'est abstenu de fondre dans le premier. On a rapproché et distribué ces Monumens en séries chronologiques, ainsi qu'il suit.

Matières générales et préliminaires. Cartons
étiquetés . . . . . . . . . . . . . . . . K. — K.
1ère Série. Actes des Rois de France depuis les Mé-
rovingiens jusqu'à Louis XVI. . . . K. — K.
2ᵉ Série. Copies de Chartes depuis l'an 581 jusqu'à 1789. . . . . . . . . . . . K. — K.
3ᵉ Série. Registres de comptes depuis Philippe V
jusqu'à Louis XV. . . . . . . . . K. — K.
4ᵉ Série. Histoire de la Maison royale, Mariages,
Testamens, Apanages, etc. . . . . K. — K.
5ᵉ Série. Histoire des Dignités et Offices. . . . . K. — K.
6ᵉ Série. Histoire des Corps politiques, Etats-
généraux, Etats provinciaux, Par-
lemens, etc. — (Procès politiques ). K. — K.
7ᵉ Série. Histoire des Lois, des coutumes, des Im-
pôts, des Monnoies, du Commerce.
( Mercuriales du Châtelet ) . . . . . K. — K.
8ᵉ Série. Histoire des Provinces et Villes de
France . . . . . . . . . . . . . . K. — K.
9ᵉ Série. Histoire étrangère, Négociations, etc. . K. — K.
10ᵉ Série. Cérémonial. . . . . . . . . . . . . K. — K.

( 8 )

### L. *Monumens ecclésiastiques.*

Recueillis, comme les précédens, dans les archives des établissemens supprimés.

Matières générales et préliminaires. Cartons étiquetés . . . . . . . . . . . . . . . . . . L. — L.
1<sup>re</sup> Série. Cartulaires : ils remplissent cartons étiquetés . . . . . . . . . . . L. — L.
2<sup>e</sup> Série. Bulles depuis le Pape Zacharie jusqu'à Pie VI. Cartons . . . . . . . L. — L.
3<sup>e</sup> Série. Eglise de Paris et autres Chapitres . . . L. — L.
4<sup>e</sup> Série. Fabriques et Paroisses . . . . . . . . L. — L.
5<sup>e</sup> Série. Etablissemens monastiques . . . . . . . L. — L.

Les papiers qui concernent les biens des Eglises et Monastères sont à la Section domaniale. On n'a placé ici que les papiers relatifs à l'histoire de ces établissemens.

### M. *Mélanges historiques.*

1. Histoire des Ordres militaires. Cart. étiquetés.. M. — M.
2. Histoire des anciens Etablissemens d'instruction publique. Universités, Colléges, Séminaires, Congrégations enseignantes, Ecoles militaires . . M. — M.
3. Titres généalogiques et nobiliaires ;
    1°. Trois séries alphabétiques, provenant du cabinet de M. d'Hozier . . . . . . . . . . M. — M.
    2°. Autre série alphabétique de Titres de familles . . . . . . . . . . . . . . . . M. — M.
    3°. Autres Titres généalogiques. . . . . . . . M. — M.
4. Mémoires historiques et matières diverses. . . . M. — M.

### *Résumé de la Section historique.*

J. Trésor des Chartres . . . . . . . . . Boîtes ou cartons.
K. Monumens historiques . . . . . . .
L. Monumens ecclésiastiques. . . . . .
M. Mélanges historiques. . . . . . . .

TOTAL. . . . . . . . .

## IV. SECTION TOPOGRAPHIQUE.

### N. *Division géographique et population de la France.*

Papiers du Comité de division. — Procès-verbaux de la division de la France en départemens. — Distribution des établissemens administratifs. — États de population.     Cartons étiquetés . . . . . . . . N.    — N.

### O. *Cartes et Plans.*

1°. Atlas et Portefeuilles étiquetés. . . . . . . . O.    — O.
2°. Rouleaux contenant les Cartes originales des départemens . . . . . . . . . . . . . O.    — O.
3°. Autres Rouleaux géographiques. . . . . . . O.    — O.
4°. Plans de Territoires, Domaines, Terres, Édifices, etc., distribués par départemens, arrondissemens, cantons et communes. Rouleaux étiquetés. . . . . . . . . O.    — O.

### *Résumé de la Section topographique.*

N. Procès-verbaux, États, etc. . . . . . . . .    cartons.
O. Cartes et Plans . . . . . . . . . . . . . .    articles.

    TOTAL . . . . . . . . . .

## V. SECTION DOMANIALE.

### P. *Chambre des Comptes.*

Registres, cartons ou liasses étiquetés . . . . . P.    — P.

### Q. *Titres domaniaux,*

Distribués par départemens, arrondissemens, cantons et communes.     Cartons étiquetés . . . . . . . Q.    — Q.

Appendice des Titres domaniaux.
1°. Inventaires et Extraits.    Registres . . . . Q.    — Q.
2°. Terriers.    Volumes . . . . . . . . . . . Q.    — Q.

3°. Échanges. Registres et cartons ou liasses. . . . . . . . . . . . . . . . . . Q. — Q.
4°. Déclarations d'usages. Registres et cartons ou liasses. . . . . . . . . . . . . Q. — Q.

### R. *Domaines des Princes.*

1. Maison dite de Monsieur. . . . . . . . . . . . R. — R.
2. Maison d'Artois. . . . . . . . . . . . . . . . . R. — R.
3. Maison d'Orléans. . . . . . . . . . . . . . . . R. — R.
4. Maison de Condé. . . . . . . . . . . . . . . . R. — R.
5. Maison de Conti. . . . . . . . . . . . . . . . R. — R.
6. Maison de Penthièvre. . . . . . . . . . . . . R. — R.

Sous la même lettre R, le Domaine de la ville de Paris. Registres et cartons ou liasses. . . . . . . . . . . . . . . . . . . . . R. — R.

### S. *Biens ci-devant Ecclésiastiques.*

1. Chapître de Notre-Dame de Paris et autres Chapitres. — Sainte-Chapelle. . . . . . . . . . . S. — S.
2. Abbayes (d'hommes) et Prieurés. Saint-Denis, Saint-Germain-des-Prés, Saint-Victor, Sainte-Geneviève, etc., etc. . . . . . . . . . . . . . S. — S.
3. Couvens d'hommes par ordre alphabétique. Augustins. — Théatins. . . . . . . . . . . . . . S. — S.
4. Abbayes et Couvens de filles. . . . . . . . . . S. — S.
5. Ordres militaires de Saint-Lazare et de Malte. . . S. — S.
6. Hôpitaux et Maladreries. Couvens d'Hospitalières. S. — S.
7. Établissemens d'Instruction publique. Université, Sorbonne, Maison de Navarre, Congrégations enseignantes, etc. . . . . . . . . . . . . . . . S. — S.
8. Séminaires, Colléges et petites Écoles. . . . . . S. — S.

### T. *Sequestres, Confiscations et Ventes.*

1. Religionnaires fugitifs. Liasses. . . . . . . . T. — T.
2. Émigrés, Condamnés, Absens, Successions, etc. Registres et cartons. . . . . . . . . T. — T.
3. Vente de Biens nationaux. Cartons. . . . . . T. — T.

### Résumé de la Section domaniale.

P. Chambre des Comptes. . . . . . . . . . . . . .
Q. Titres domaniaux . . . . . . . . . . . . . . . .
R. Domaines des Princes . . . . . . . . . . . . . .
S. Biens ci-devant ecclésiastiques . . . . . . . . . .
T. Sequestres, Confiscations, Ventes . . . . . . . .

        TOTAL . . . . . . . . . . . . . .

## VI. SECTION JUDICIAIRE. (Au Palais de Justice.)

### V. Grande Chancellerie et Conseils.

1. Grande Chancellerie de France. Cartons ou liasses et registres . . . . . . . . . . . . . V.   — V.
2. Secrétaires du Roi. Cartons et registres . . . V.   — V.
3. Prévôté de l'Hôtel du Roi. Liasses ou cartons et registres . . . . . . . . . . . . . . . . . . V.   — V.
4. Requêtes de l'Hôtel. Liasses ou cartons et registres. . . . . . . . . . . . . . . . . . V.   — V.
5. Grand Conseil. Liasses et registres . . . . V.   — V.
6. Conseil privé. Liasses ou cartons et registres. . . . . . . . . . . . . . . . . . . . V.   — V.
7. Commissions extraordinaires. Liasses . . . . V.   — V.
8. Conseils supérieurs (1771 — 1774). Liasses et registres . . . . . . . . . . . . . . . . . V.   — V.

### X. Parlement de Paris.

1. Minutes. Liasses ou registres . . . . . . . . X.   — X.
2. Registres depuis l'an 1255. Vol. y compris les copies, tables et autres accessoires . . . X.   — X.
3. Tournelle criminelle. Liasses ou cartons et registres. . . . . . . . . . . . . . . . . . X.   — X.
4. Chancellerie du Palais. Liasses . . . . . . X.   — X.
5. Baillage du Palais. Liasses et registres . . . X.   — X.
6. Chambre de liquidation, créée en décembre 1764. Liasses ou cartons et registres . . . . . X.   — X.
7. Pièces déposées au Greffe, Registres de dépôt, etc. X.   — X.

## Y. Châtelet.

1. Affaires civiles.   Liasses et   registres... Y.  — Y.
2. Affaires criminelles.   Liasses et   registres. Y.  — Y. 11120.
3. Commissaires au Châtelet............ Y.  — Y.
4. Greffiers à peau (expédiant sur parchemin) attachés au Châtelet................ Y.  — Y.

## Z. Cours et Juridictions diverses.

1. Cour des Aides.   Cartons et   registres.. Z.  — Z.
2. Cour des Monnoies. — Prévôté générale des Monnoies................ Z.  — Z.
3. Bureau des Finances, Chambre du Domaine et Trésor................... Z.  — Z.
4. Connétablie.   Liasses ou cart. et   registres. Z.  — Z.
5. Amirauté de France.   Cartons et   registres.. Z.  — Z.
6. Eaux et Forêts.   Liasses ou cartons et registres.................. Z.  — Z.
7. Election de Paris.   Liasses ou cartons et registres.................. Z.  — Z.
8. Bureau de la ville de Paris.   Liasses et registres.................. Z.  — Z.
9. Grenier à sel.   Cartons et   registres...... Z.  — Z.
10. Chambre des Bâtimens.   Liasses ou cartons et registres.................. Z.  — Z.
11. Chambre des Décimes, ou Ecclésiastique.   Cart. et   registres................ Z.  — Z.
12. Autres Juridictions particulières. — Petites Justices................... Z.  — Z.
13. Chambre des Procureurs. — Tabellionages et greffes. — Tutelles. — Mélanges........ Z.  — Z.

## & Tribunaux criminels extraordinaires.

Tribunaux criminels établis par la loi du 14 mars 1791. — Tribunal extraordinaire, créé le 17 août 1792. — Tribunal révolutionnaire. — Commissions militaires. — Haute-Cour de Vendôme, etc. cartons.................... &.  — &.

### Résumé de la Section judiciaire.

|   |   | Liasses, Cart. ou Reg. |
|---|---|---|
| V. | Grande Chancellerie et Conseils.... |   |
| X. | Parlement de Paris.............. |   |
| Y. | Châtelet........................ |   |
| Z. | Cours et Jurisdictions diverses..... |   |
| &. | Tribunaux criminels extraordinaires. |   |

TOTAL..............

### Résumé de la Division française.

| 1. | Section législative..... | A. B. C. D. | Cart., Liasses ou Reg. |
|---|---|---|---|
| 2. | Section administrative. | E. F. G. H. |   |
| 3. | Section historique.... | J. K. L. M. |   |
| 4. | Section topographique. | N. O...... | } A l'Hôtel Soubise. |
| 5. | Section domaniale.... | P. Q. R. S. T. |   |
| 6. | Section judiciaire..... | V. X. Y. Z. &. |   |

TOTAL............ 116674.

# DIVISION ITALIENNE.
### A l'Hôtel Soubise.

I<sup>ere</sup>. SECTION. ARCHIVES DE ROME.

#### A. Chartes.

Pièces originales et détachées, distribuées par ordre
chronologique, depuis le quatrième siècle jusqu'au
dix-neuvième, dans    boîtes étiquetées..... A.     — A.
Plus,    portefeuilles ou volumes contenant des
pièces de même nature............. A.     — A.

#### B. Registres de Bulles, Brefs et Suppliques.

1<sup>ere</sup> Collection depuis Jean VIII jusqu'à Sixte-
Quint.    Volumes étiquetés...... B.     — B.

2° Collection. Bulles des Papes d'Avignon.
Volumes.................... B. — B.
3° Collection. Épîtres des Papes aux Princes depuis Innocent III jusqu'à Pie VII inclusivement. Volumes............ B. — B.
4° Collection. Bulles depuis Jean XXII jusqu'à Pie VII inclusivement. Volumes... B. — B.
5° Collection. Suppliques et Brefs depuis Martin V jusqu'à Pie VII. Volumes...... B. — B.
6° Collection. Brefs depuis Pie V jusqu'à Pie VII. Volumes.............. B. — B.
7° Collection. Bulles depuis Grégoire XIII jusqu'à Pie VI. Volumes........... B. — B.
* 8° Collection. Bolle, editti, Bandi, etc. Volumes, composés de placards et feuilles imprimées................. B. — B.
Autres Collections partielles ou incomplètes. Volumes.................... B. — B.

## C. *Priviléges, Biens et Prétentions de la Cour de Rome.*

Matières camérales et diverses. Volumes, entre lesquels l'ordre est à établir........... C. 1 — C.

## D. *Nonciatures et Légations.*

1. Légation d'Avignon. Volumes....... D. — D.
2. Légation de Bologne. Volumes...... D. — D.
3. Légation de Ferrare. Volumes...... D. — D.
4. Légation de la Romagne. Volumes.... D. — D.
5. Légation d'Urbin. Volumes........ D. — D.
6. Nonciature de France. Volumes..... D. — D.
7. Nonciature d'Angleterre. Volumes.... D. — D.
8. Nonciature de Bavière. Volumes..... D. — D.
9. Nonciature de Cologne. Volumes..... D. — D.
10. Nonciature d'Espagne. Volumes...... D. — D.
11. Nonciature de Flandres. Volumes..... D. — D.
12. Nonciature de Florence. Volumes..... D. — D.
13. Nonciature de Lucerne. Volumes..... D. — D.

14. Nonciature de Malte. Volumes . . . . . . D. — D.
15. Nonciature de Naples. Volumes . . . . . . D. — D.
16. Nonciature de Pologne. Volumes . . . . . D. — D.
17. Nonciature de Portugal. Volumes . . . . . D. — D.
18. Nonciature de Turin. Volumes . . . . . . D. — D.
19. Nonciature de Venise. Volumes . . . . . . D. — D.
20. Nonciature de Vienne. Volumes . . . . . D. — D.

### E. *Secrétairerie d'État*

1. Minutes et Pièces diverses. 104 Portefeuilles ou liasses . . . . . . . . . . . . . . . . E. — E.
2. Portefeuilles, contenant des pièces originales relatives aux Prêtres émigrés français, depuis 1791 jusqu'en 1800 . . . . . . . . . . . . E. — E.
3. Volumes ou portefeuilles, contenant les lettres (originales) adressées au Pape, au Secrétaire d'état, à des Cardinaux par des Princes, des Évêques, des Hommes de lettres et autres personnes . . . . . . . . . . . E. — E.

### F. *Daterie.*

Portefeuilles, registres ou liasses . . . F. — F.

### G. *Chancellerie.*

Registres . . . . . . . . . . . . . . . . G. — G.

### H. *Pénitencerie.*

Liasses ou registres . . . . . . . . . . H. — H.

### J. *Congrégation du Concile de Trente.*

Registres ou portefeuilles . . . . . . . . J. — J.

### K. *Congrégation de la Propagande.*

Volumes, portefeuilles ou cartons . . . . K. — K.

### L. *Congrégation du Saint-Office.*

Portefeuilles . . . . . . . . . . . . . . L. — L.
Congrégation de l'Index. Volumes, liasses ou cartons . . . . . . . . . . . . . . . . L. — L.

M. *Congrégation des Évêques et des Réguliers.*
 Liasses ou registres . . . . . . . . . . M.    — M.
Congrégation des Immunités.   Liasses et
Registres. . . . . . . . . . . . . . . . . . M.    — M.

   N. *Congrégation des Rites.*
Canonisations.   Volumes ou Portefeuilles. N.   — N.
Registres et pièces relatives aux cérémonies ec-
 clésiastiques.   Art. . . . . . . . . . . . N.   — N.

   O. *Archives administratives.*
Cong. *del Buon governo.*   Portefeuilles,
 registres ou liasses . . . . . . . . . . . . O.   — O.
Autres Archives administratives.   Art. . . O.   — O.

   P. *Archives judiciaires.*
 Liasses, portefeuilles ou registres . . . . P.   — P.

Q. *Inventaires, Tables et Répertoires de tout ce qui*
    *précède.*
 Registres et   cartons. . . . . . . . . Q.   — Q.

   *Résumé des Archives de Rome.*

             Vol. portef. ou liasses.
A. Chartes. . . . . . . . . . . . . . . . . .
B. Suppliques, Brefs, Bulles, etc . . . . . .
C. Possessions et Prétentions de la Cour de Rome.
D. Nonciatures et Légations. . . . . . . . .
E. Secrétairerie d'État. . . . . . . . . . .
F. G. H. Daterie, Chancellerie et Péniten-
  cerie . . . . . . . . . . . . . .
J. Congrégation du Concile de Trente. . . .
K. Congrégation de la Propagande . . . . . .
L. Congrégations du Saint-Office; — de l'Index.
M. Congrégations des Évêques et des Réguliers,
  — et des Immunités . . . . . .
N. Congrégation des Rites. — Cérémonies . . .
O. Archives administratives . . . . . . . . .
P. Archives judiciaires . . . . . . . . . . .
Q. Inventaires et Répertoires . . . . . . . .

   TOTAL . . . . . . . . . . .

## II$^{eme}$ SECTION. ARCHIVES DU PIÉMONT.

**R.** *Archives historiques, politiques, ecclésiastiques, féodales.*

1. Maison de Savoie. Liasses, portefeuilles ou registres. . . . . . . . . . . . . . . . . . . . . R. — R.
2. Sardaigne et Sicile. . . . . . . . . . . . . , R. — R.
3. Maison d'Aoste et de Chablais. — Duché de Montferrat. — Milan, Genève, Vallée de Lucerne.
. . . . . . . . . . . . . . . . . . . . R. — R.
4. Politique générale. — Confins. — Relations extérieures. . . . . . . . . . . . . . . . . . R. — R.
5. Matières ecclésiastiques. . . . . . . . . . . R. — R.
6. Ordres militaires de Malte, de Saint-Lazarre, de Saint-Maurice. . . . . . . . . . . . . R. — R.
7. Matières féodales. . . . . . . . . . . . . . R. — R.

**S.** *Archives législatives, administratives, domaniales et judiciaires.*

1. Grande Chancellerie. . . . . . . . . . . . . S. — S.
2. Législation. . . . . . . . . . . . . . . . . . S. — S.
3. Administration intérieure, Ponts et Chaussées, Canaux et Rivières, Salines, Gouvernement provisoire du Piémont. . . . . . . . . . S. — S.
4. Domaines et Finances, Monnoies, Comptabilité.
. . . . . . . . . . . . . . . . . . . . . . S. — S.
5. Administration militaire, Génie, Artillerie, etc.
. . . . . . . . . . . . . . . . . . . . . . S. — S.
6. Archives judiciaires. . . . . . . . . . . . . . S. — S.

*Résumé des Archives du Piémont.*

R. Archives historiques, politiques, ecclésiastiques, féodales . . . . . . . .
S. Archives législatives, administratives, domaniales, judiciaires . . . . . .
TOTAL. . . . . . . . . . Liasses, portef. ou reg.

On est occupé, en ce moment du transport de ces Archives, de Turin à Paris. D'autres corps d'Archives italiennes sont encore à réunir.

Résumé de la Division italienne.

1ʳᵉ Section. Archives de Rome. . . .
2ᵉ Section. Archives du Piémont. . . .
. . . . . . . . . . .
. . . . . . . . . .
. . . . . . . . .

TOTAL ( actuel ). . . . . . .   Portefeuilles, reg. ou liasses.

A la suite des Archives italiennes, seront placées les Archives d'Espagne.

## DIVISION ALLEMANDE.

### A l'Hôtel Soubise.

### Iᵉʳᵉ SECTION. ARCHIVES POLITIQUES.

#### a. Diète de l'Empire.

Registres et papiers de la Diète. — Chambre impériale de Weslar. — Affaires de Religion. Liasses ou volumes . . . . . . . . . . . . . . . . . . . .    a. — a.

#### b. Élection des Empereurs.

Élection, Mariages. — Fiefs de l'Empire. — Nominations des Évêques et Coadjuteurs. — Ennoblissemens et Grâces. — Cérémonial. Liasses ou volumes . . . . . . . . . . . . . . . . . . . .    b. — b.

#### c. Guerre et Paix.

Direction et Administration de la Guerre. — Traités de paix et d'alliance. — Correspondances politiques. Liasses ou volumes . . . . . . . . . . . . .    c. — c.

#### d. Relations avec les diverses puissances étrangères et avec les grands États de l'Empire, par ordre alphabétique.

( Algerina, Alsatica, Anglica . . . Turcica, Veneta ). Liasses ou volumes . . . . . . . . . . . . .    d. — d.

( 19 )

e. *Affaires particulières et diverses.*

Liasses ou volumes. . . . . . . . . . . . . e. 1 — e.

TOTAL de la section politique a, b, c, d, e. . .

---

II<sup>e</sup> SECTION. ARCHIVES ADMINISTRATIVES.

f. Administration de la Belgique. . . . . . . . . . f. — f.
g. Administration du Tyrol . . . . . . . . . . . . g. — g.
h. Administration de la Gallicie. . . . . . . . . . h. — h.
i. Administration de Saltzbourg. . . . . . . . . . i. — i.

TOTAL de la Section administrative . . . . . .

---

III<sup>e</sup> SECTION. ARCHIVES JUDICIAIRES.

k, l, m, n, o, p, q. Environ     liasses (à classer) . .

*Résumé de la Division allemande.*

1<sup>re</sup> Section. Archives politiques; a, b, c, d, e . . . .
2<sup>e</sup> Section. Archives administratives; f, g, h, i . . .
3<sup>e</sup> Section. Archives judiciaires; k, l, m, n, o, p, q.

TOTAL. . . . . . . . .

Les Archives hollandaises seront placées à la suite des Archives allemandes.

On a retiré de chaque Division les Pièces originales les plus précieuses, spécialement celles qui sont munies de sceaux d'or et d'argent, et on les a déposées dans une armoire de fer.

Cette armoire contient, de plus, des médailles, des clefs de ville, les étalons du mètre et du kilogramme, divers modèles, instrumens, costumes, etc.

Les Archives de l'Empire ont pour appendice une BIBLIOTHÈQUE dans laquelle on a réuni tous les Livres *imprimés* qui se trouvoient mêlés aux pièces manuscrites, ceux aussi qui ont été tirés du dépôt littéraire du Ministère de l'intérieur ; enfin, ceux qui ont été acquis pour le service de l'établissement. Les parties les plus considérables sont celles qui concernent la Géographie, l'Histoire de France, l'Histoire ecclésiastique, le Droit public et les Lois françaises. On y a placé les Collections imprimées qui sont indiquées dans le Tableau des Archives françaises, Section législative : A * 1. — * 5. — * 6. — * 7. — B * 5 — C * 2 ; ainsi que celle mentionnée dans la Division italienne, B * 8.

www.ingramcontent.com/pod-product-compliance
Lightning Source LLC
Chambersburg PA
CBHW062004070426
42451CB00012BA/2640